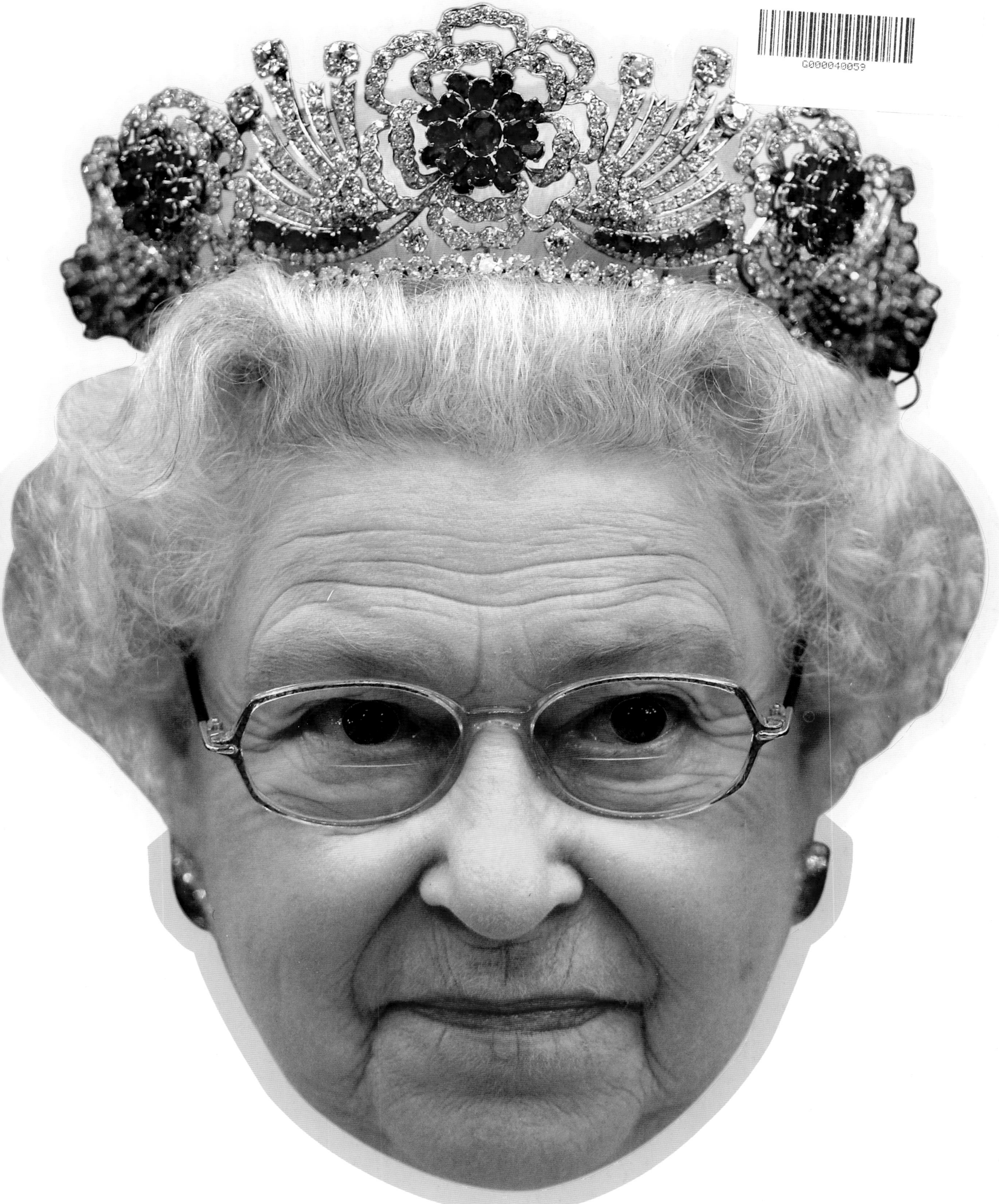

G000040059

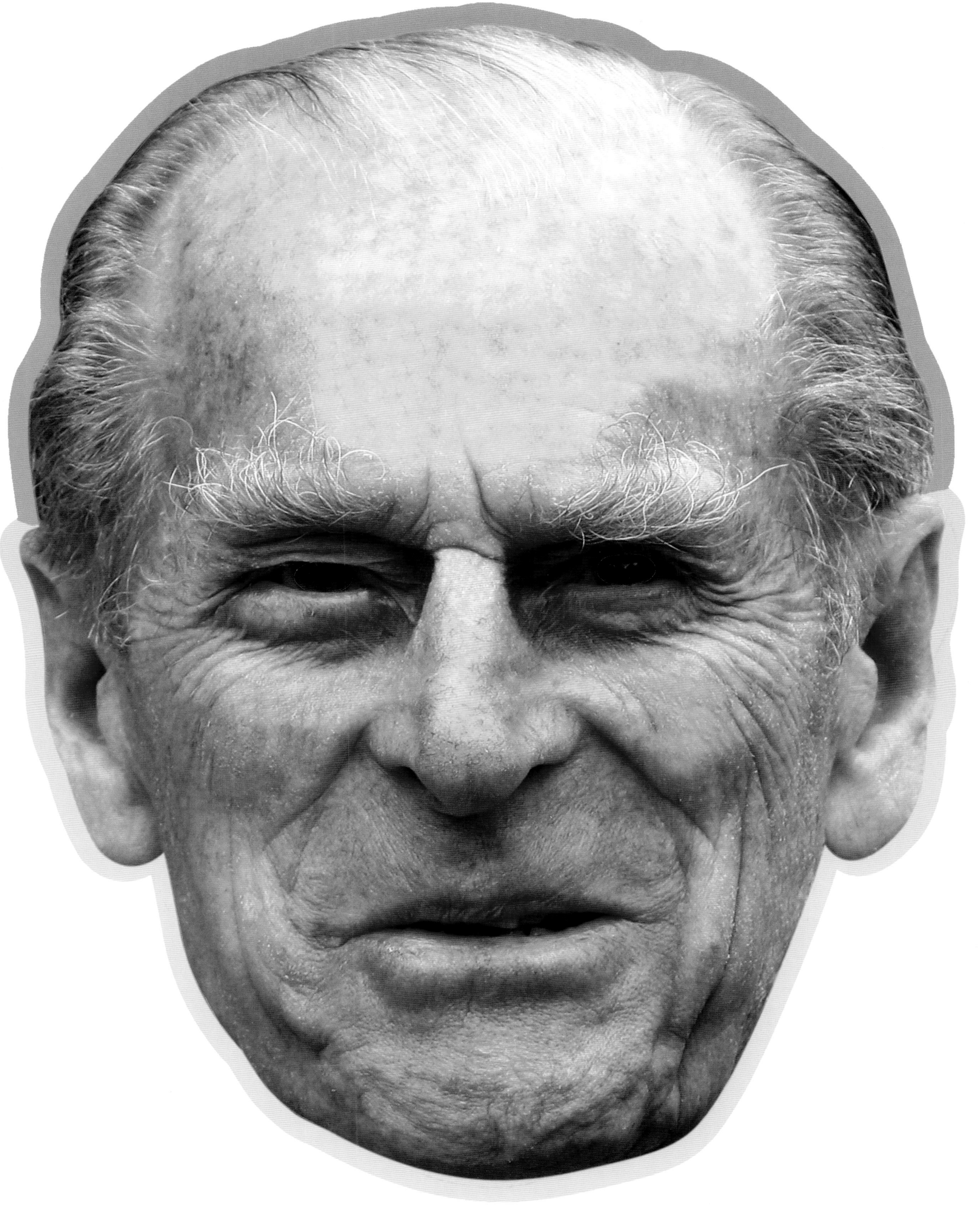

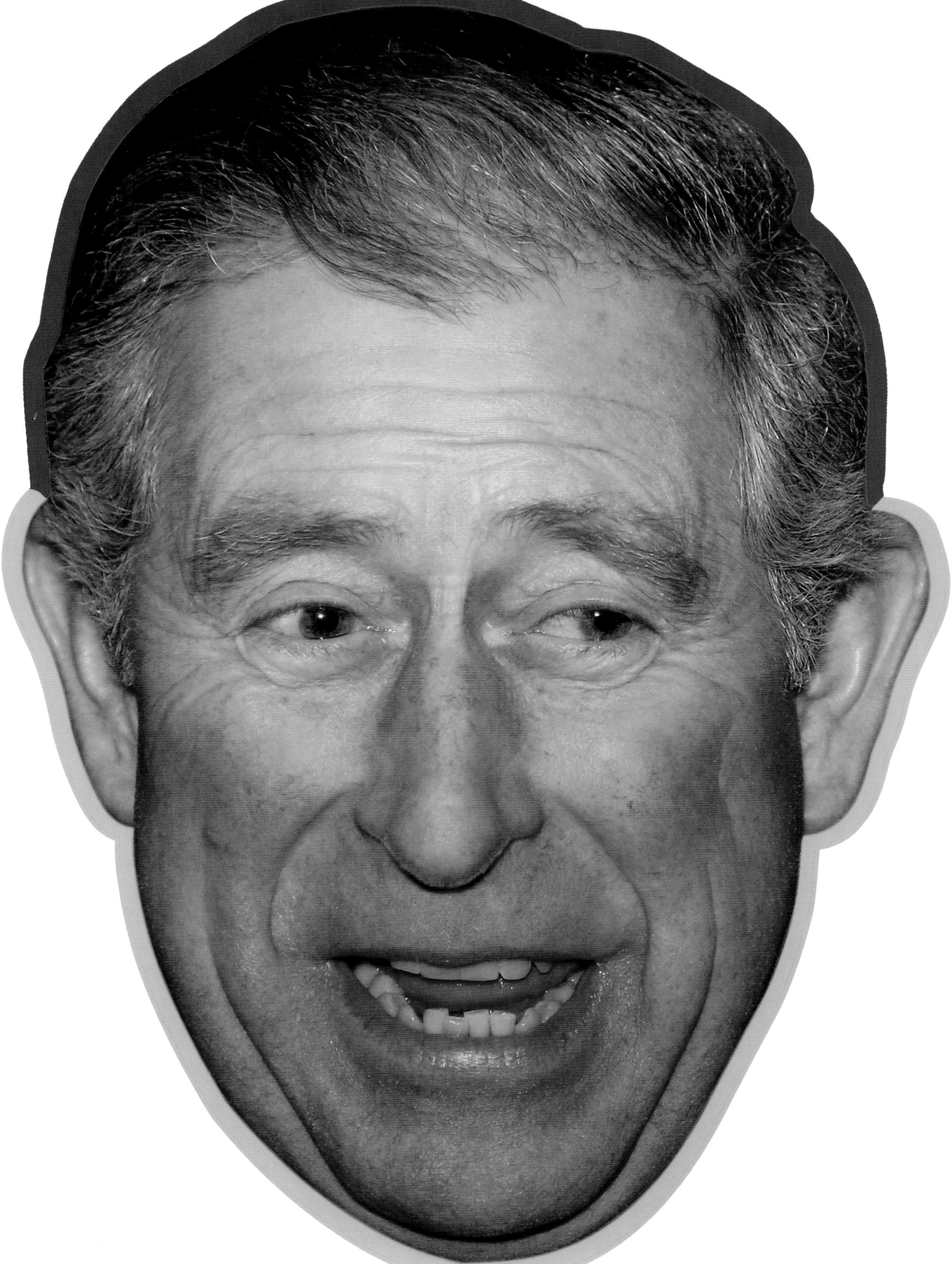

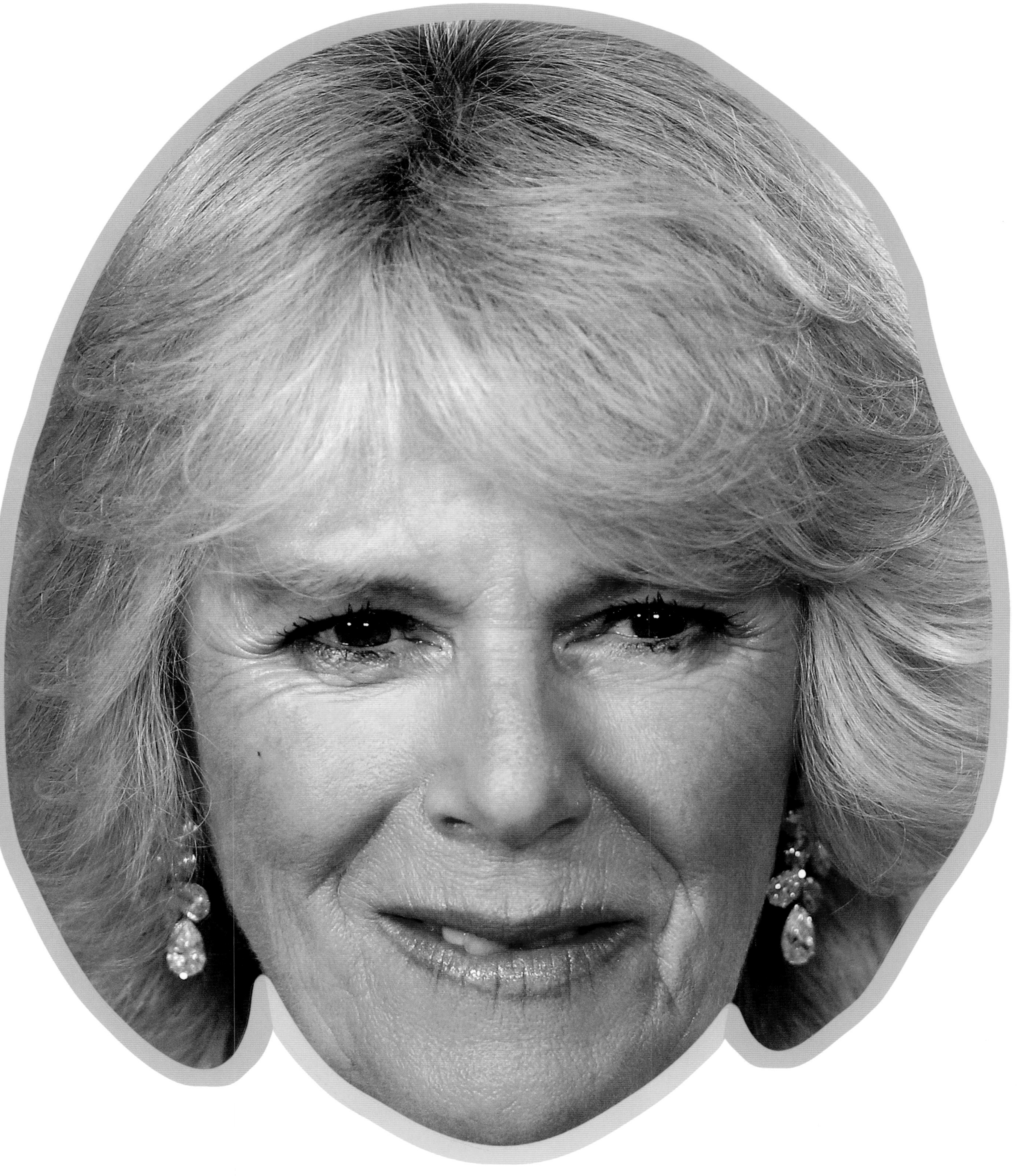

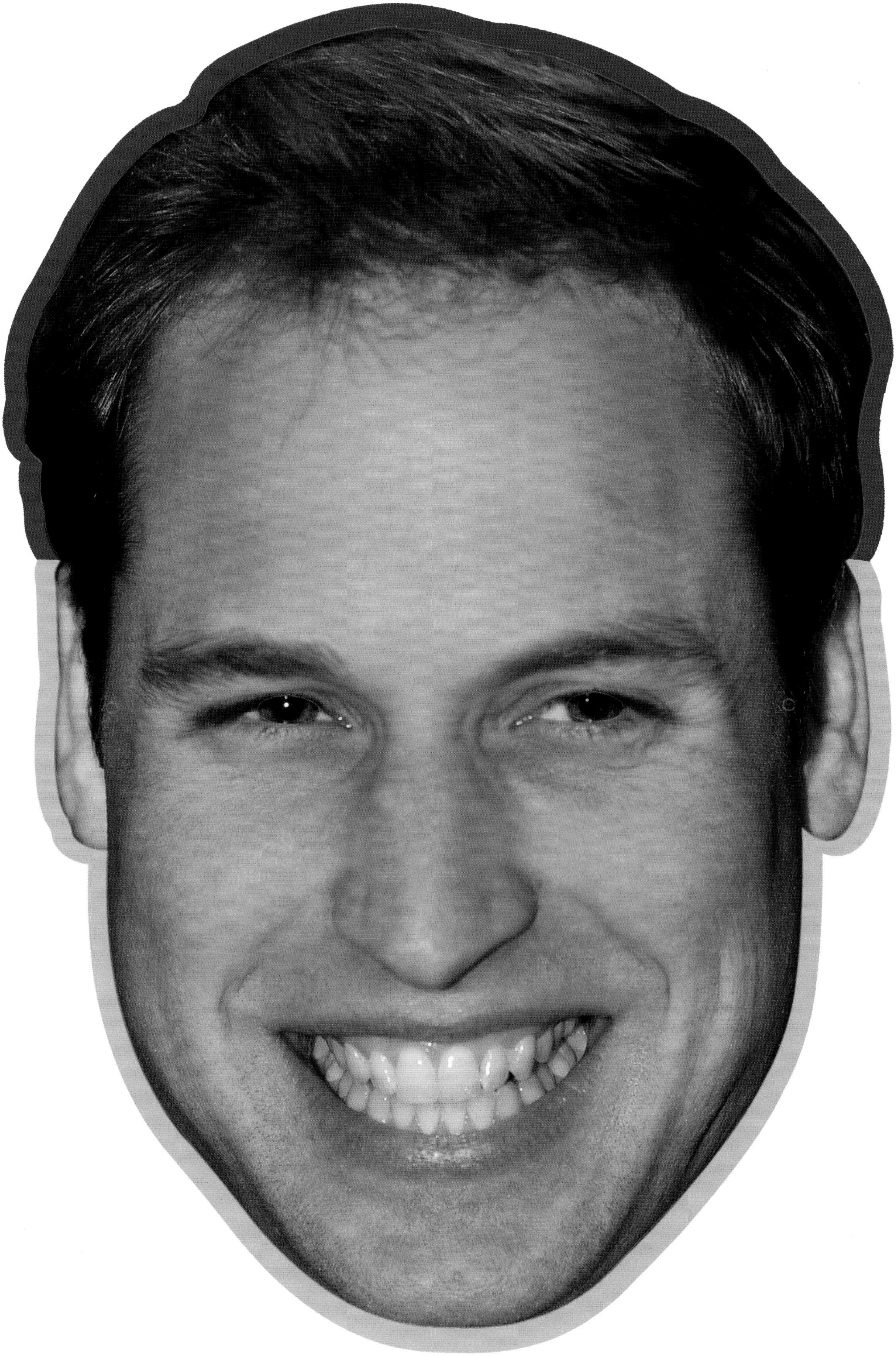

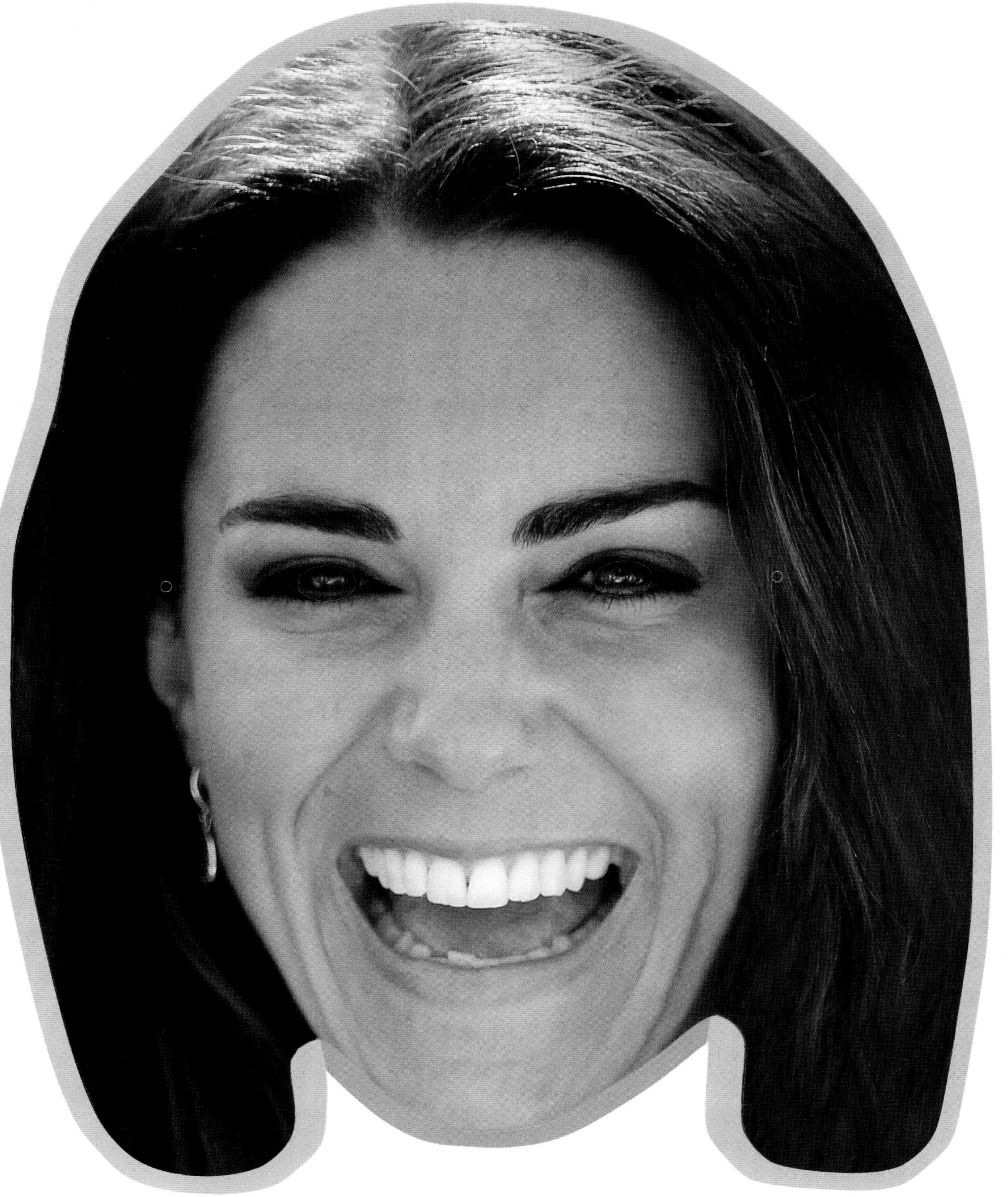

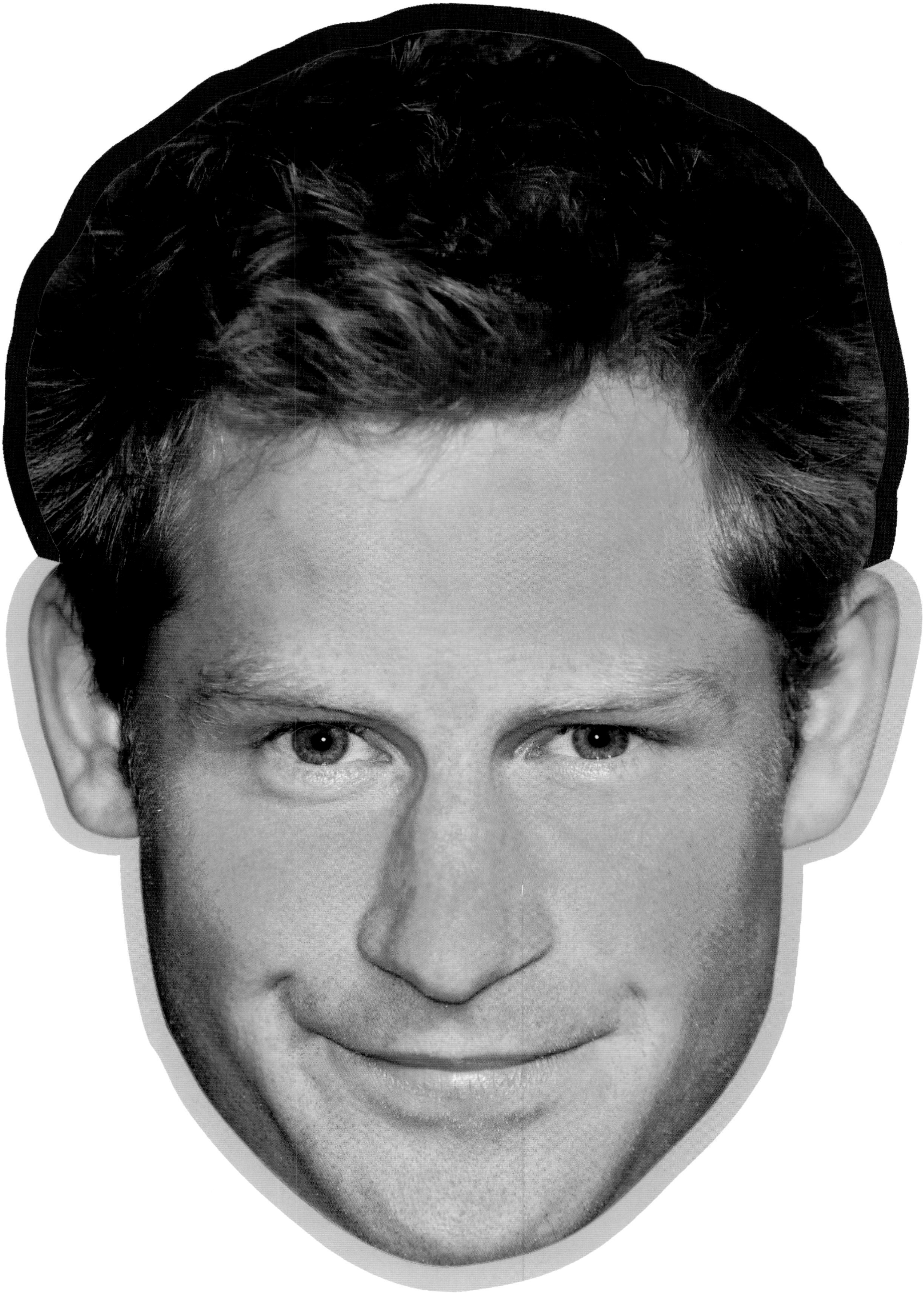

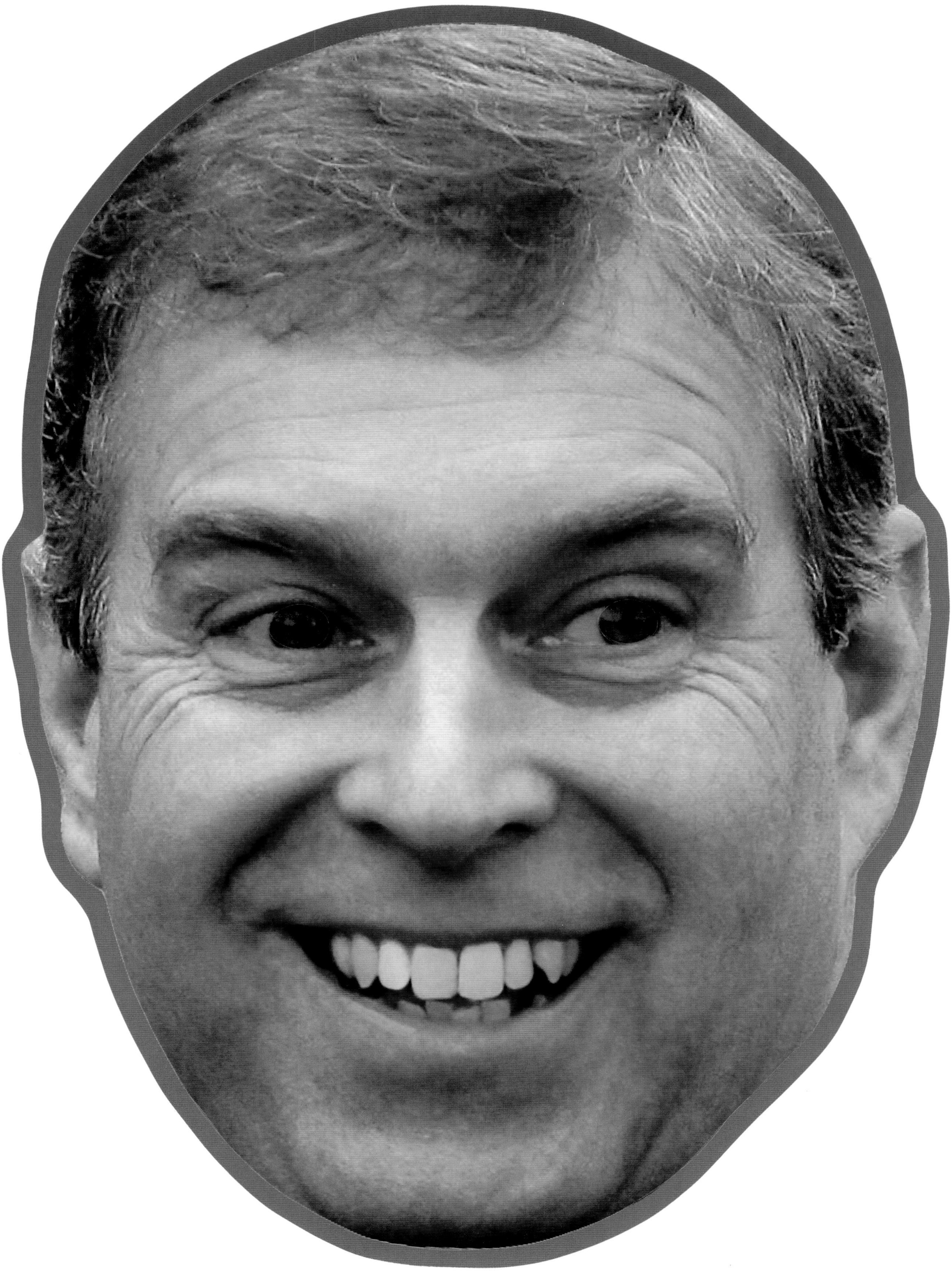

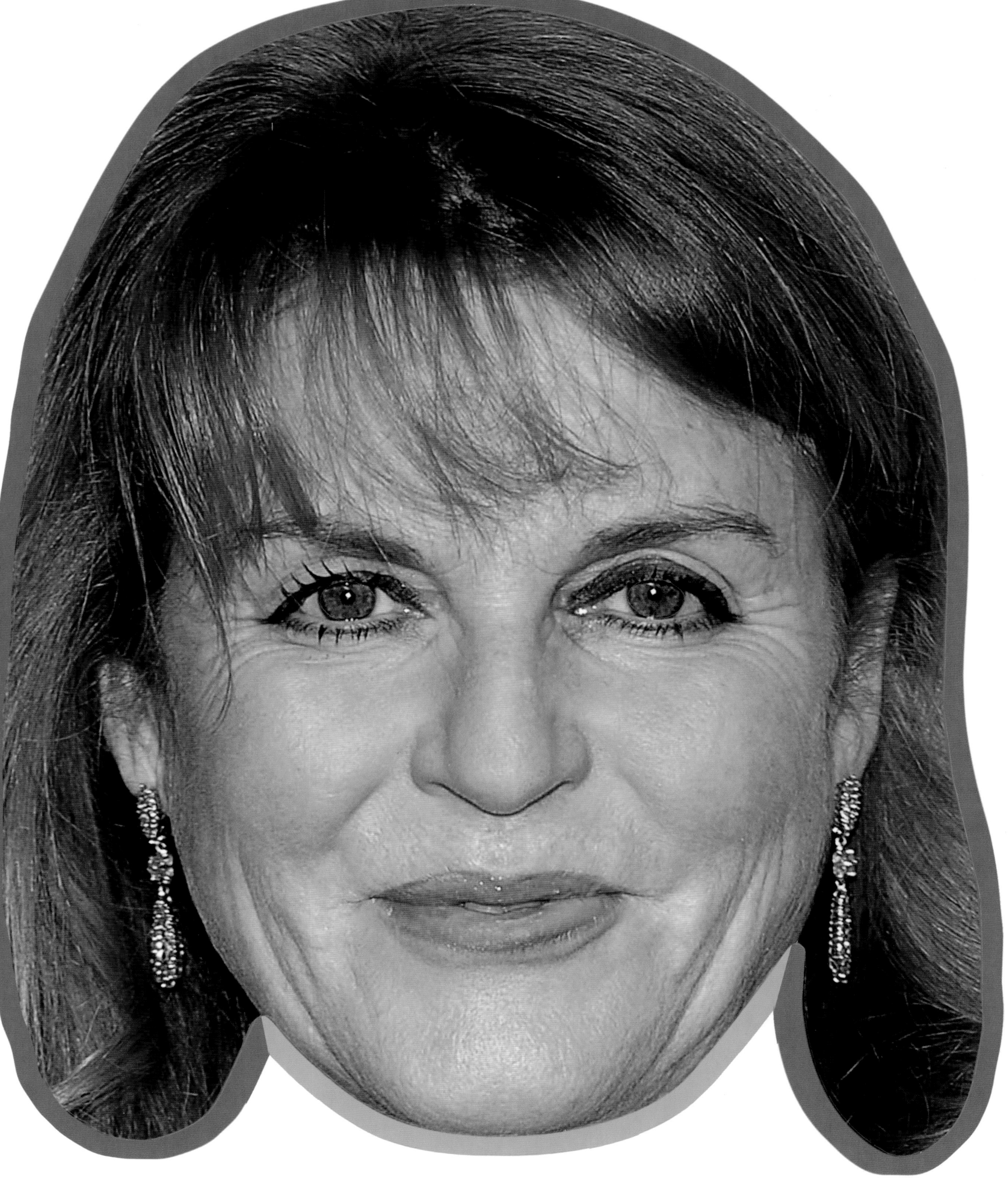

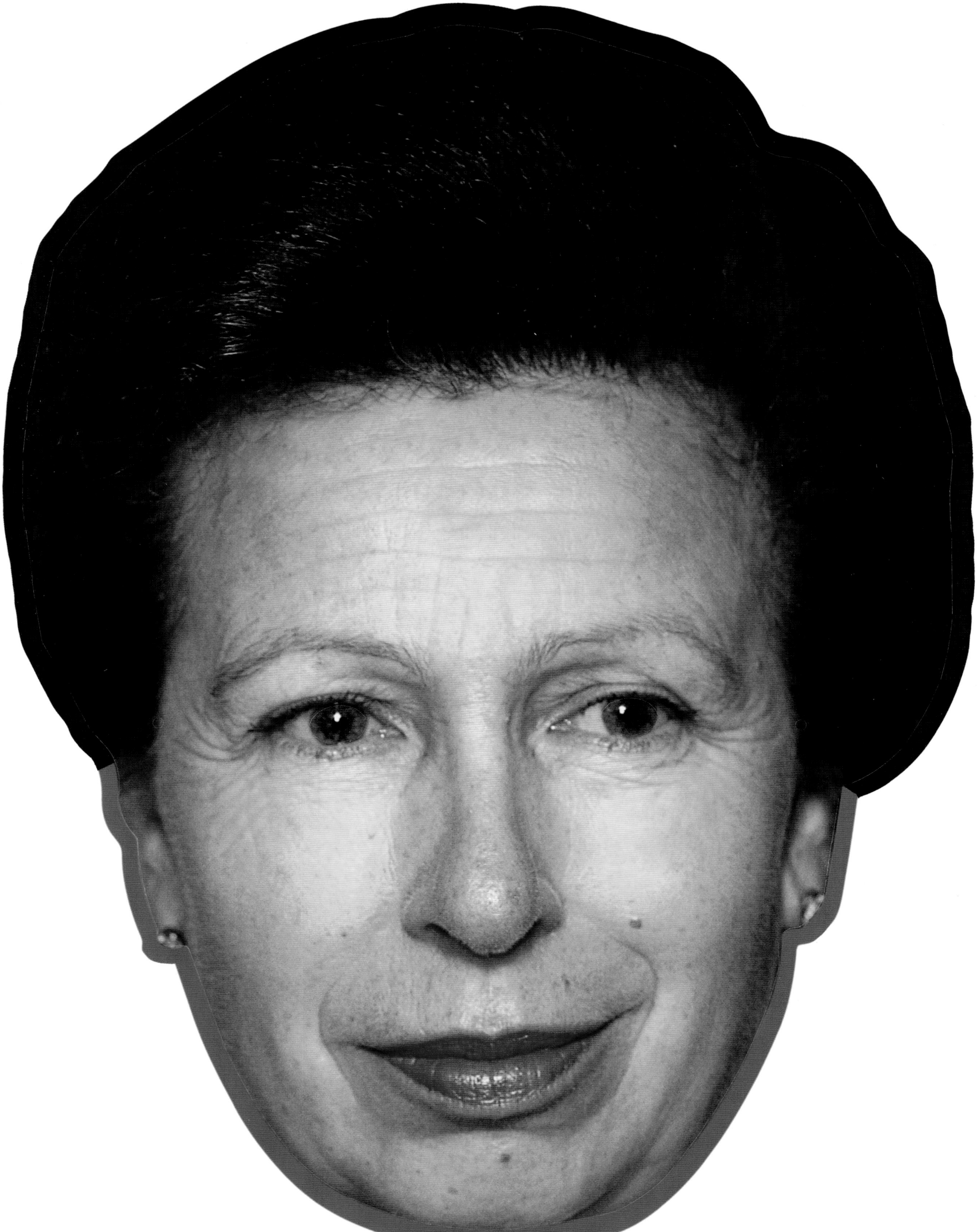

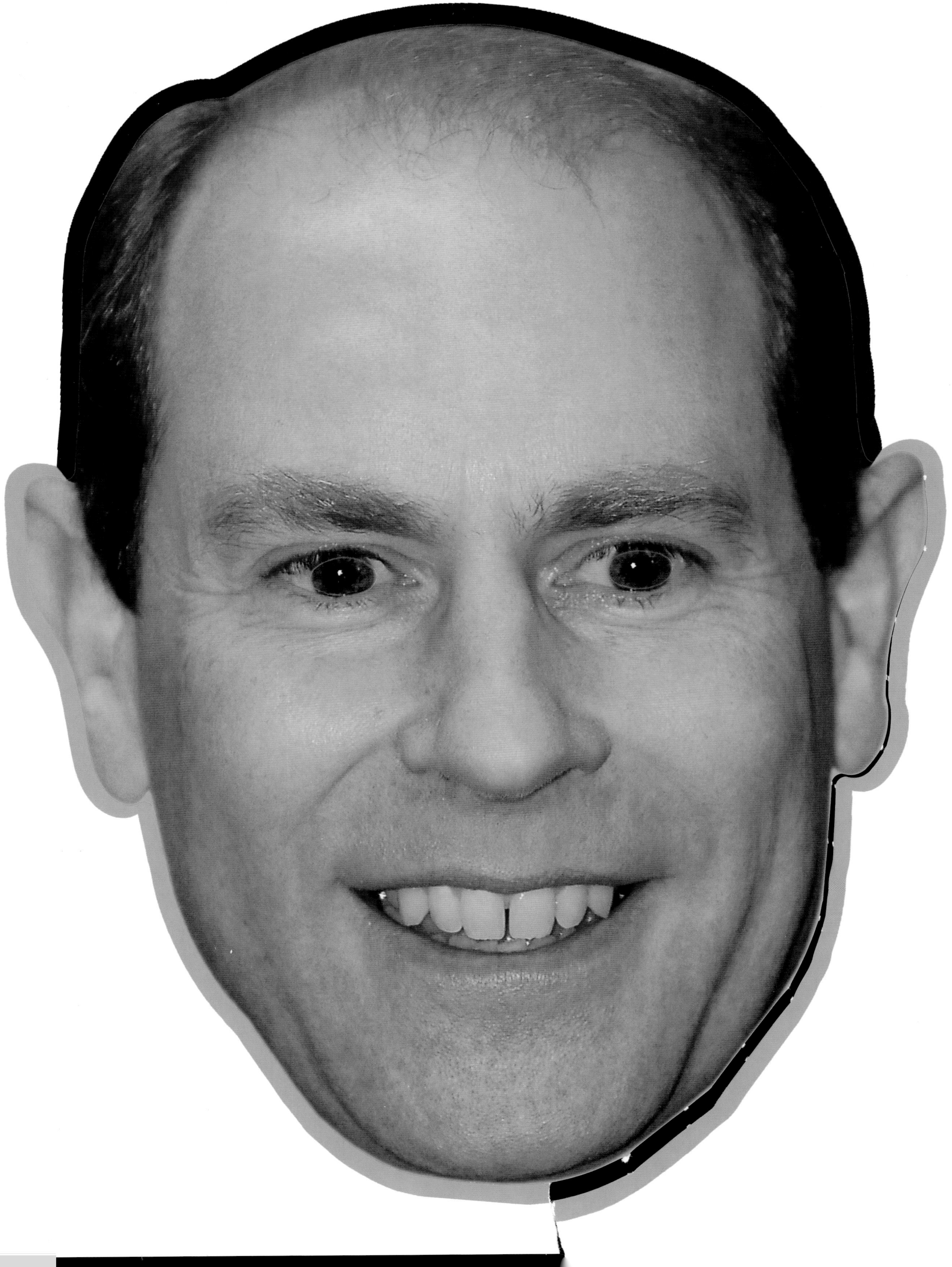

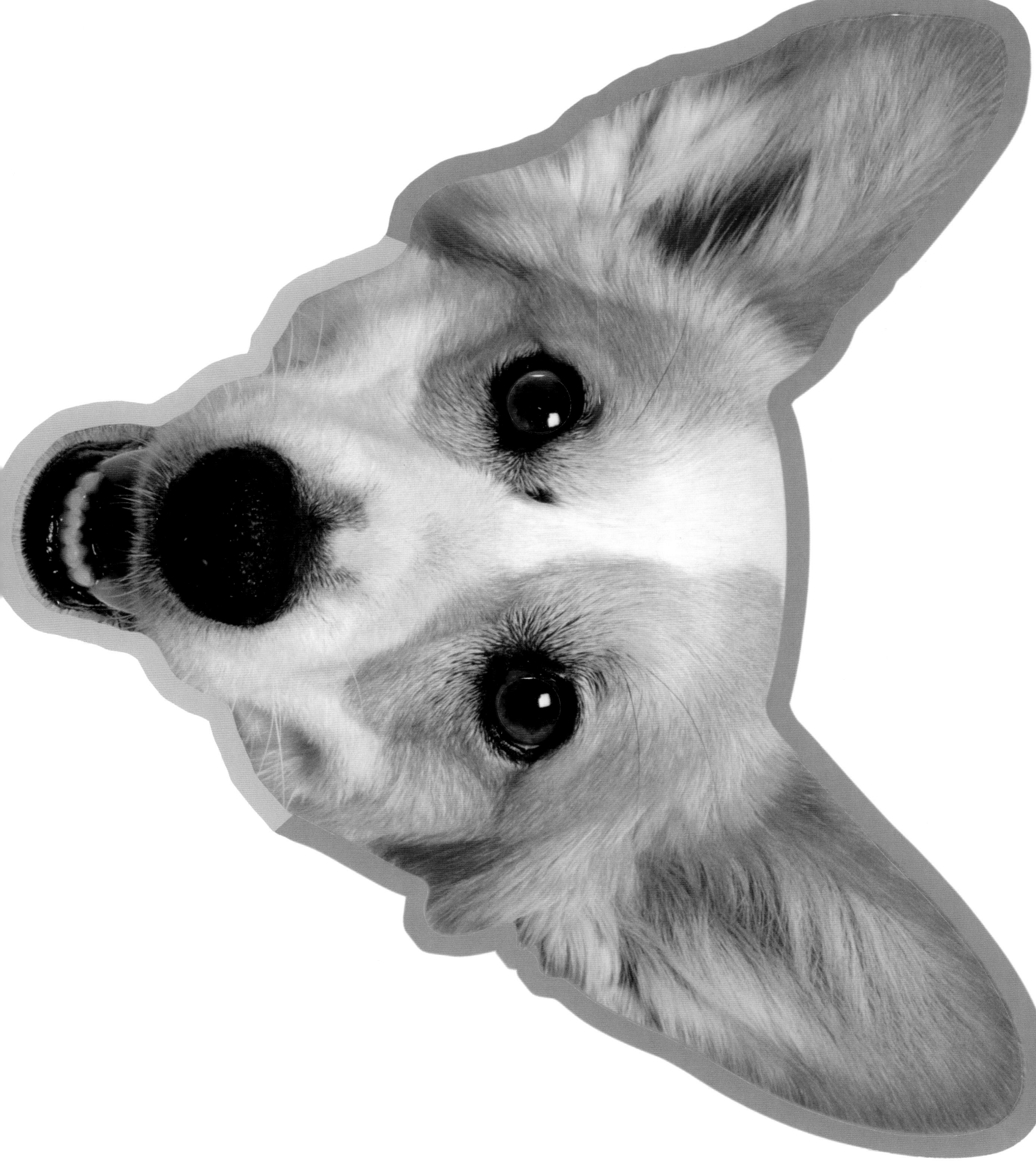